DATE DUE

# EXPLORA LA NATURALEZA™

# EXPLORA LA NATURALEZA™

# El girasol

## POR DENTRO Y POR FUERA

Texto: Andrew Hipp
Ilustraciones: Andrea Ricciardi di Gaudesi
Traducción al español: María Cristina Brusca

The Rosen Publishing Group's
**Editorial Buenas Letras**™
New York

*A Paul Berry, quien me ha enseñado acerca de la vida tanto como a ser un taxonomista.*

Published in 2004 in North America
by The Rosen Publishing Group, Inc.
29 East 21st Street, New York, NY 10010

Copyright © 2004
by Andrea Dué s.r.l., Florence, Italy, and
Rosen Book Works, Inc., New York, USA

First Edition

Book Design:
Andrea Dué s.r.l., Florence, Italy

Illustrations:
Andrea Ricciardi di Gaudesi and Alessandro Baldanzi, Studio Stalio
Map by Alessandro Bartolozzi

Scientific advice for botanical illustrations:
Riccardo Maria Baldini

Spanish Edition Editor

**Cataloging Data**

Hipp, Andrew.
[Sunflowers, inside and out. Spanish]
El girasol: Por dentro y por fuera / by Andrew Hipp; traducción
al español María Cristina Brusca — 1st ed.
    p. cm. — (Explora la naturaleza)
Includes bibliographical references and index.
ISBN 1-4042-2868-3 (library binding)
1. Sunflowers—Juvenile literature. [1. Sunflowers. 2. Spanish
language materials.]
I. Title. II. Getting into Nature. Spanish.

*Manufactured in Italy by Eurolitho S.p.A., Milan*

# Contenido

# La familia del girasol

Los girasoles pueden alcanzar más de diez pies (tres metros) de altura, con hojas tan anchas como tu pecho, y con cabezas del tamaño de la cara de un oso.

Sin embargo, el enorme girasol pertenece a la misma familia que el aster, cuyas cabezas son más pequeñas que una moneda de diez centavos. En la misma familia se encuentran también el amargón, el cardo espinoso, el acanto, el diente de león y la margarita.

Los girasoles, junto con otras 20,000 especies de plantas, forman una de las más grandes familias de plantas del mundo, llamada **Compuestas** *(Compositae o Asteraceae)*. Entre todas las plantas Compuestas del mundo ninguna es tan conocida como el girasol.

**Girasol doméstico**
(*Helianthus annuus*)

# Orígenes del girasol

Existen alrededor de 50 especies de girasol silvestre, todas ellas se desarrollaron en América del Norte. Algunas tienen hojas delgadas, otras, hojas anchas. Algunas tienen tallos peludos, en otras los tallos son lisos. La mayoría crece en las praderas, mientras que otras crecen en terrenos arbolados.

Los indios norteamericanos comenzaron a **cultivar** girasoles hace miles de años. Sus cabezas de girasol medían un pie (3.4 cm) de diámetro.

Los europeos que viajaron por América del Norte en el siglo XVI, llevaron girasoles a sus hogares. En el siglo XVIII, el girasol **doméstico** viajó a Rusia, donde se volvió muy importante en la producción de aceite vegetal. Hoy en día, casi un cuarto del aceite de girasol del mundo proviene de Rusia, pese a que el girasol se originó en América del Norte.

Los girasoles fueron domesticados por primera vez en el este de los Estados Unidos, a partir de su antepasado silvestre *(Helianthus annuus)*. Luego el cultivo se extendió a Europa y México.

LUGAR DE ORIGEN Y DIFUSIÓN DEL GIRASOL

ASIA

EUROPA

*anaranjado claro:*
entorno original del
girasol silvestre

*anaranjado oscuro:*
origen y difusión
del girasol doméstico

ÁFRICA

SUDAMÉRICA

# El cuerpo de un girasol

Cada girasol comienza su vida
como un retoño de otro girasol
o como una semilla más pequeña que
una de tus uñas. El girasol puede crecer
hasta ser dos veces más alto que una
persona adulta. El girasol, como la mayoría
de las plantas con flores, tiene las
raíces cubiertas de pelos o **raicillas**.
Estos pelos absorben, o colectan,
agua y **minerales** de la
tierra y aseguran
firmemente la
planta al suelo.

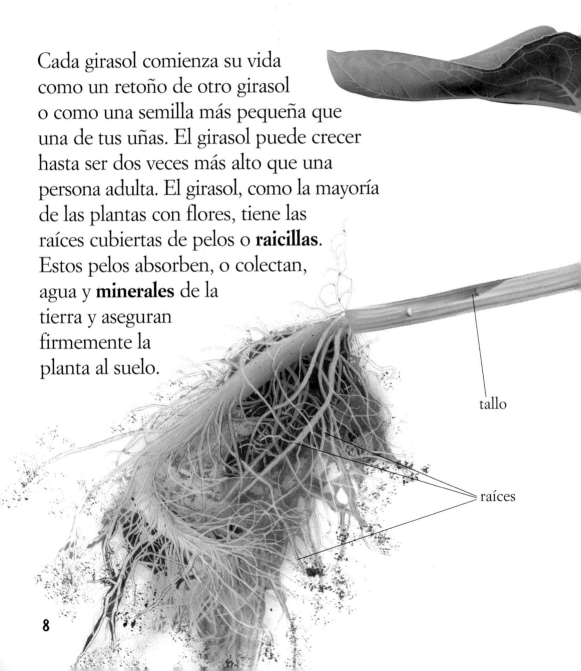

tallo

raíces

8

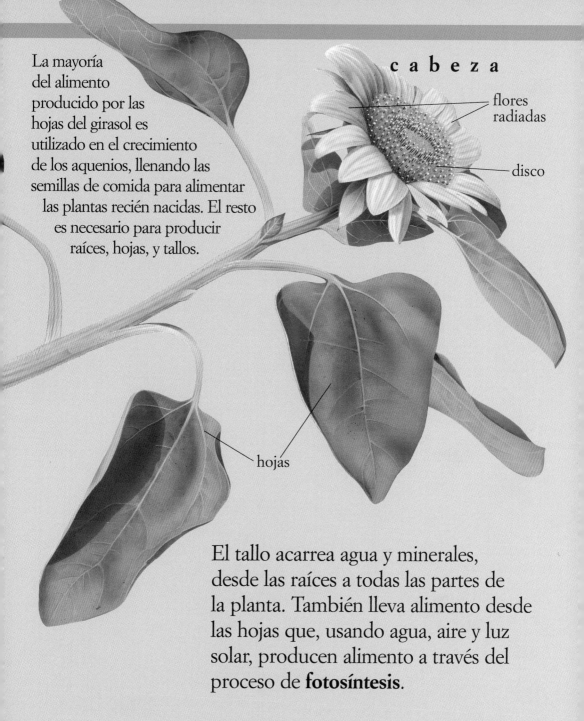

La mayoría del alimento producido por las hojas del girasol es utilizado en el crecimiento de los aquenios, llenando las semillas de comida para alimentar las plantas recién nacidas. El resto es necesario para producir raíces, hojas, y tallos.

c a b e z a

flores radiadas

disco

hojas

El tallo acarrea agua y minerales, desde las raíces a todas las partes de la planta. También lleva alimento desde las hojas que, usando agua, aire y luz solar, producen alimento a través del proceso de **fotosíntesis**.

9

# Una cabeza de flores

flores radiadas

Detalle de una de las flores del disco.

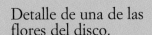

estigmas

involucro

anteras

corola (formada por cinco pétalos que se juntan por sus bordes)

El borde de la cabeza del girasol tiene un anillo de flores radiadas amarillas. Estas flores de la cabeza son estériles, es decir, no producen semillas. Todas las otras flores de la cabeza del girasol se llaman flores del disco. Los cinco pétalos de cada una de las flores del disco forman un tubo llamado **corola**. La corola se asienta en la parte superior del ovario,

vilano

ovario

Detalle de una flor radiada.

10

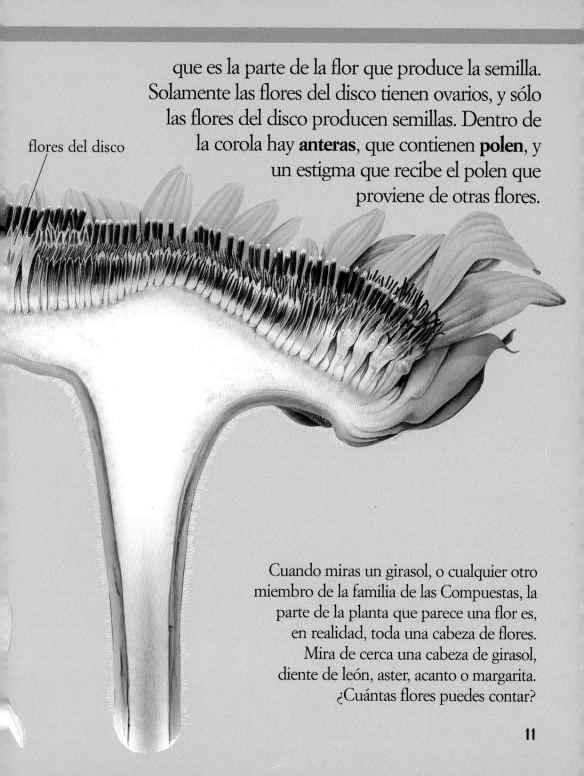

que es la parte de la flor que produce la semilla. Solamente las flores del disco tienen ovarios, y sólo las flores del disco producen semillas. Dentro de la corola hay **anteras**, que contienen **polen**, y un estigma que recibe el polen que proviene de otras flores.

flores del disco

Cuando miras un girasol, o cualquier otro miembro de la familia de las Compuestas, la parte de la planta que parece una flor es, en realidad, toda una cabeza de flores. Mira de cerca una cabeza de girasol, diente de león, aster, acanto o margarita. ¿Cuántas flores puedes contar?

11

# El polen del girasol

Cuando una flor del disco comienza a florecer, sólo se pueden ver las anteras encima del aro de la corola. Las anteras se juntan a lo largo de los bordes para hacer un tubo, éste se llena de polen cuando las anteras se abren. En las mañanas de verano, el estigma empuja hacia afuera, a través del tubo de la antera, el polen. El polen se deposita en la punta del **estigma** y es recogido por las abejas y otros insectos que lo transportan. Al día siguiente, el estigma se separa formando dos puntas rizadas capaces de capturar el polen de otras flores.

La manera en que los girasoles dispersan el polen por el mundo se llama "presentación del polen". La presentación del polen es la forma de asegurar que los estigmas tengan la posibilidad de recibir polen de otras plantas. Si el estigma no recibe polen, se curva hasta tocar el polen de su propia flor.

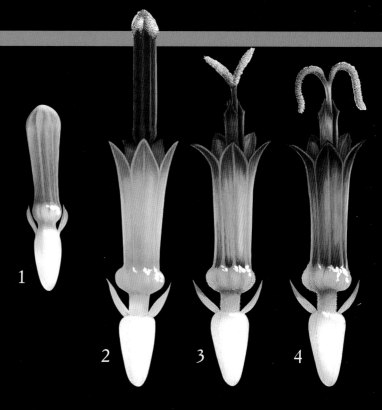

*Arriba:* Etapas del crecimiento de una flor del disco:

1. Una flor del disco antes de florecer.
2. Presentación del polen: El estigma empuja el polen hacia afuera a través del tubo de las anteras.
3. El estigma se abre y puede ahora recibir polen.
4. El estigma se abre más. Si no recibe polen de otros girasoles, se enroscará hasta tocar el polen del tubo de las anteras.

*Izquierda:* Un girasol completamente florecido.

# Produciendo semillas

Los girasoles atraen a las abejas para transportar el polen de una flor a otra, produciendo néctar, un líquido dulce que las abejas usan para alimentar a sus crías y hacer miel. Mientras las abejas recolectan el néctar, se les adhieren al cuerpo granos de polen amarillo. Las abejas vuelan de un girasol a otro transportando el polen de las anteras a los estigmas abiertos. Este proceso se llama polinización. Después que una flor del disco es polinizada, el polen produce un tubo largo y delgado, que viaja hacia abajo a través del estigma y se introduce en el **ovario** que está en la base de la flor. En el ovario, el tubo de polen penetra en el **óvulo**.

Después de la polinización, el óvulo se transforma en una semilla de girasol, y el ovario forma la cáscara externa, dura, del **aquenio** del girasol.

La mayoría de los girasoles depende de polinizadores para producir semillas. Las abejas, como ésta en la página opuesta, son los agentes polinizadores más importantes.

Cuando no hay suficientes abejas alrededor, los girasoles producen cáscaras vacías que no contienen semillas.

15

# Los aquenios del girasol

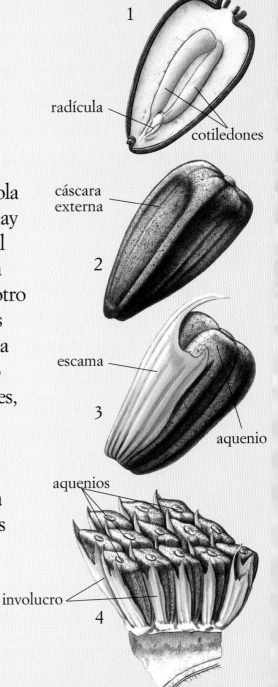

1

radícula

cotiledones

cáscara externa

2

escama

3

aquenio

aquenios

involucro

4

Cada aquenio completamente **desarrollado** tiene una cáscara exterior dura que contiene una sola semilla. Alrededor de la semilla hay un envoltorio fino como un papel llamado tegumento. Cada semilla tiene un extremo redondeado y otro en punta. El extremo en punta es la parte de la semilla donde está la radícula. El extremo redondeado está compuesto de dos cotiledones, llenos de alimento.

Si la semilla **germina**, el girasol se sustenta de este alimento hasta ser capaz de producir sus propios nutrientes. La mayor parte de las semillas nunca germina, aún las que provienen de girasoles silvestres.

*Página opuesta:*
1. Vista del interior de un aquenio de girasol
2. Cáscara externa de un aquenio
3. Cada aquenio está unido a la cabeza de girasol, al lado de una escama
4. El conjunto de estas escamas se llaman involucro

*Derecha:* Los jilgueros comen acanto, diente de león y aquenios de girasol. Los ratones y algunas especies de pájaros pueden comer los aquenios o guardarlos para más adelante.

Jilguero europeo
(*Carduelis carduelis*)

*Derecha*: Puedes comprar semillas o aquenios de girasol en un mercado. Cuando compras "semillas" de girasol con la cáscara, en realidad estás comprando aquenios de girasol. La semilla está escondida adentro de la cáscara.

17

# La cabeza del girasol

Si estudias una cabeza de girasol encontrarás que las flores del disco que están en el borde forman aquenios, mientras que las flores en el centro no se han abierto todavía. Esto sucede porque las flores del disco cercanas al borde externo de la cabeza crecen primero. Mientras la cabeza va creciendo, los pétalos de las flores del disco comienzan a marchitarse y se secan. El disco comienza a oscurecerse, y la cabeza se vuelve pesada por los aquenios ya crecidos. Al mismo tiempo la parte posterior de la cabeza cambia de color porque las hojas que forman la parte posterior de la cabeza detienen su fotosíntesis.

Se dice que las cabezas del girasol giran mirando al sol, pero esto no es totalmente cierto. Cuando crecen, los girasoles y otras plantas se inclinan hacia el sol, cuya luz necesitan para hacer la fotosíntesis.

Mientras está creciendo, la cabeza del girasol se mueve siguiendo al sol. Sin embargo, una vez que ha florecido, gira más lentamente hasta detenerse. Por lo común permanece mirando al este.

19

# Girasoles entre los indios

Los indios norteamericanos han comido los aquenios del girasol silvestre desde hace mucho. El **antepasado** del girasol doméstico se originó en el este de los Estados Unidos y siguió a los indios por toda América del Norte. Hace más de 4,000 años, los indios norteamericanos domesticaron el girasol, plantándolo y seleccionando las plantas de cabezas y aquenios más grandes. Las cabezas de girasol eran cortadas y puestas a secar al sol. Las cabezas secas se golpeaban para sacar los aquenios maduros. Las semillas se aplastaban hasta formar una pasta, se golpeaban y se hervían para extraer el aceite, o se cocían y se molían hasta obtener harina. Las semillas se guardaban en sacos para el invierno. Las semillas más grandes se sembraban el año siguiente.

Los indios norteamericanos dependían del girasol para mucho más que su alimentación. Los aquenios y los pétalos eran usados para preparar pinturas. Con los pétalos secos y el polen se preparaban pinturas para la cara. El aceite que se extraía al hervir semillas de girasol molidas proveía aceite de cocina e hidratante para el cabello. La savia del tallo era usada para curar heridas. Todo, desde verrugas hasta picaduras de serpientes, podían ser tratadas con productos de los girasoles.

# Picudos del girasol

Algunos insectos pueden dañar a los girasoles. Un ejemplo es un tipo de escarabajo llamado picudo de la semilla del girasol. Al comienzo del verano, los picudos perforan agujeros en las cáscaras de los aquenios y ponen huevos en la semilla o en las flores del disco. Las **larvas** que salen de los huevos se alimentan de los aceites en las semillas. Al final del verano, las larvas perforan la cáscara de los aquenios y caen al suelo. Las larvas pasan el invierno en la tierra. Al verano siguiente, los picudos ya crecidos salen de la tierra para poner huevos en un nuevo cultivo de girasoles.

Un picudo del girasol (*izquierda*) va a depositar sus huevos en los aquenios de los girasoles. La larva del picudo, que se alimenta de las semillas de girasol, puede causar mucho daño a campos enteros, sembrados de girasoles.

Más de 150 insectos se alimentan de los girasoles norteamericanos. En Europa Central y Europa del Este existen más de 240 insectos que son plagas del girasol.

# Girasoles y científicos

Los girasoles han enseñado mucho a los científicos acerca de cómo crecen y cambian las plantas. Los científicos han encontrado, por ejemplo, que los girasoles a menudo **hibridan**. El girasol doméstico puede proveer de polen a un girasol silvestre y producir semillas. Con frecuencia las semillas logradas por hibridación producen plantas con características de ambos padres, el silvestre y el doméstico pero, a veces, forman plantas muy diferentes. Los científicos también están aprendiendo más acerca de la vida de los insectos del girasol. Y, al mismo tiempo, están trabajando para lograr que el girasol sea capaz de defenderse de más plagas de insectos y enfermedades.

*Izquierda:* Una científica estudia un girasol en su laboratorio. Si te gustan los girasoles y te gusta la naturaleza, quizás puedas convertirte en un científico de girasoles. La mejor manera de empezar a observar los girasoles es en el campo. Observa cómo crece el girasol. Mira los insectos que se le acercan, y mira qué es lo que hacen cuando están en el girasol. Dibuja y toma nota de lo que veas.

*Página opuesta:* Una langosta se alimenta de un girasol.

# Glosario

**aquenio (el)** Una fruta seca, de una sola semilla.

**antepasado (-a)** Un miembro de la familia que vivió mucho tiempo antes que los que están vivos hoy.

**anteras (las)** Receptáculos que contienen el polen de la planta. Es la parte masculina de la flor.

**Compuestas (las)** Familia de plantas que comprende a cerca de 20,000 especies que producen cabezas con flores del disco y/o flores radiadas.

**corola (la)** Pétalos de la flor que se juntan para formar un tubo.

**cultivar** Ayudar a crecer, como en una huerta.

**desarrollado (-a)** Comienzo de la existencia o cambio de un ser a través de los años.

**doméstico (-a)** Algo que una vez fue silvestre y ha sido transformado para el uso humano.

**estigma (el)** Parte de la flor que recibe el polen. Los estigmas están conectados a los ovarios.

**fotosíntesis (la)** Proceso por el cual las plantas verdes usan la energía solar para transformar el dióxido de carbono (el gas que exhalamos al respirar) y el agua en azúcar y oxígeno.

**germinar** Que comienza a crecer a partir de una semilla.

**hibridar** Crear semillas en una planta de una especie, usando polen de una planta de una especie diferente.

**larva (la)** Etapa temprana de la vida de un insecto.

**minerales (los)** Elementos naturales del suelo, muchos de los cuales son necesarios para las plantas.

**ovario (el)** Parte femenina de una flor, que crece hasta convertirse en fruto.

**óvulo (el)** Pequeño órgano contenido en el ovario de una planta, que crece hasta convertirse en una semilla después de ser polinizado.

**polen (el)** Gránulos de materia (semejante al polvo) producidos por las plantas de flores, que son transportados a otras plantas para ayudarlas a florecer.

**raicillas (las)** Filamentos, semejantes a pelos, de la raíz de una planta.

# Índice

# Sitios Web

Debido a las constantes modificaciones en los sitios de Internet, Editorial Buenas Letras ha desarrollado un listado de sitios Web relacionados con el tema de este libro. Este sitio se actualiza con regularidad. Por favor, usa este enlace para acceder a la lista:

www.buenasletraslinks/nat/girasol

# Acerca del autor

Andrew Hipp trabaja como naturalista en Madison, Wisconsin, desde 1993. Actualmente está terminando la tesis para su doctorado de botánica en la Universidad de Wisconsin. Andrew y su esposa, Rachel Davis, trabajan juntos en una guía ilustrada de las juncias comunes de Wisconsin y esperan el nacimiento de su primer hijo.

**Reconocimientos:** En este libro se toma información de las investigaciones y escritos de B. Avidan, L. Ferguson, M. Rosenblum, J.M. Taylor, C. Vitagliano, C. Voyiatzi, C. Xiloyannis y sus fuentes y colaboradores. El autor agradece al Dr. Ferguson la revisión de un borrador del presente libro.

# Créditos fotográficos